Inhalt

Feuerwehrmänner oder Hüter des Euro? - Europas Zentralbank übt einen schwierigen Spagat

Kernthesen

Beitrag

Fallbeispiele

Weiterführende Literatur

Impressum

Feuerwehrmänner oder Hüter des Euro? - Europas Zentralbank übt einen schwierigen Spagat

R.Reuter

Kernthesen

- EZB-Chef Claude Trichet hat eine Erhöhung der Leitzinsen in Aussicht gestellt. Auf einen festen Zeitpunkt legte er sich jedoch nicht fest.
- Eine Anhebung der Zinsen wäre gut für die Geldwertstabilität, aber möglicherweise schlecht für die Konjunktur in den Peripheriestaaten Griechenland, Irland und

- Portugal.
- Volkswirte warten nun gespannt darauf, ob sich die EZB wieder ihrem eigentlichen Ziel, der Geldwertstabilität, zuwendet - oder ob sie weiter den Feuerwehrmann für strauchelnde Banken und klamme Staaten spielen will.

Beitrag

Erste Zinserhöhung seit 2008 steht bevor

Der Präsident der Europäischen Zentralbank (EZB), Claude Trichet, hat die Märkte vorsichtig auf eine Zinswende vorbereitet. Eine Erhöhung der Leitzinsen, die derzeit bei einem Prozent liegen, sei schon im April möglich, so Trichet - "aber nicht sicher". Begründet wurde eine mögliche Erhöhung mit der Inflationsrate, die die EZB für 2011 bei 2,3 Prozent prognostiziert. Verantwortlich für die zuletzt auf 2,4 Prozent gestiegene Inflation ist vor allem der Ölpreis. Ende 2010 kosteten die Rohöl-Leitsorten durchschnittlich etwa 94 Dollar, aktuell liegt der Schnitt bei über 112 Dollar. Angestrebt ist durch die Zentralbank eine Inflationsrate von höchstens zwei

Prozent. (1)

Steigender Preisdruck

Nach einer aktuellen Umfrage unter 3 000 Industrieunternehmen steigen die Preise derzeit im Rekordtempo. Besonders stark haben sich Chemikalien, Energie, Nahrungsmittel, Metalle und Textilien verteuert. Der Vergleich mit früheren Jahren zeigt, dass die Firmen ihre Verkaufspreise so stark anheben wie noch nie seit der ersten Umfrage im Jahr 1996. Gleichwohl sieht die EU-Kommission noch keine Gefährdung für die europäische Konjunktur, im Gegenteil. Erst kürzlich revidierte die Kommission ihre Wachstumsprognose für die Euro-Zone für 2011 von 1,5 auf 1,6 Prozent. In der gesamten Europäischen Union wird das Wachstum laut EU-Prognose bei 1,8 Prozent liegen. (2), (3)

Wie unabhängig ist die EZB?

Unter Volkswirten ist angesichts dieser aktuellen Lage eine Diskussion darüber entstanden, wie unabhängig die Europäische Zentralbank noch ist. Wäre sie ausschließlich der Preisstabilität verpflichtet, müsste die EZB angesichts der steigenden Rohstoffpreise und der starken

Konjunktur jetzt die Zinsen anheben. Dass sie einen Zinsschritt jedoch erst für einen späteren Zeitpunkt ins Auge fasse, zeige, wie sehr die Bank infolge der Finanzkrise in die Fänge wirtschaftspolitischer Erwägungen geraten sei. Tatsächlich hat die EZB zur Bekämpfung der Wirtschafts- und Finanzkrise weitreichende Maßnahmen ergriffen, die nichts mit der Erhaltung der Geldwertstabilität zu tun haben. Hierzu zählen die Käufe griechischer Staatsanleihen ebenso wie die dem angeschlagenen Bankensektor eingeräumte unbegrenzte Verfügbarkeit von Refinanzierungsmitteln. Finanzinstitute können sich bis heute unbegrenzt bei der Euro-Notenbank zu Niedrigstzinsen mit Geld versorgen. Das Dilemma: Die Wahrung der Preisstabilität spricht für höhere Leitzinsen im Euro-Raum. Für die Finanzstabilität hingegen muss der Notenbank daran gelegen sein, dass die Leitzinsen weiter niedrig bleiben. Höhere Zinsen würden die Gewinne der Banken schmelzen und die Institute dann wieder in bedrohliche Situationen bringen. Die EZB dient damit derzeit gleich zwei Zielen, die aber nicht dauerhaft miteinander zu verbinden sind. Damit hat die Zentralbank nach Ansicht mancher Experten ihre Unabhängigkeit durch die Finanzkrise verloren. (4)

Experten fordern Abkehr von der

Rettungspolitik

Gleichwohl ist der EZB damit zu attestieren, dass sie während der lebensbedrohlichen Krise Handlungsfähigkeit bewies und den taumelnden Banken wie den angeschlagenen Peripherieländern Griechenland, Irland und Portugal aus der Patsche geholfen hat. Der Preis dafür ist allerdings hoch, denn die Zentralbank hat sich damit, wie es Kommentatoren ausdrücken, "in die Geiselhaft der Politik begeben". Es sei daher dringend geboten, den bisherigen Ausnahmezustand nicht zum Dauerzustand werden zu lassen. Dafür müsste die EZB aber ernst machen mit ihrer Ankündigung, die Zeit des billigen Geldes nun auslaufen zu lassen. Gefordert wird überdies, die Banken nicht länger unbegrenzt mit Geld zu versorgen, um so den Druck auf die Regierungen zu erhöhen, ihre am Tropf hängenden Finanzinstitute endlich zu restrukturieren und sie wieder auf eigene Füße zu stellen. Viele Volkswirte drängen darauf, dass die EZB ihre Rolle als ökonomische Feuerwehr nun wieder aufgibt und sich auf ihre Kernaufgabe, die Gewährleistung eines stabilen Euros, zurückbesinnt. (5)

Reicht die Drohung?

Wenn die EZB ihre Niedrigzinspolitik aufgibt, könnte

sie damit allerdings auch die Falschen treffen. Experten geben zu bedenken, dass ein höherer Zins an den gestiegenen Rohstoffpreisen nichts ändern würde und die Inflationsgefahr damit weiter bestünde. Zudem könnten höhere Zinsen im jetzigen Boomland Deutschland zwar für die erwünschte Abkühlung sorgen, würden die schwache Konjunktur in den Peripherieländern aber noch weiter abwürgen. Es reiche daher, die Anhebung des Leitzinses nur anzudrohen, und zwar für den Fall, dass die Unternehmen ihre steigenden Kosten weiter ungebremst auf die Verbraucher abwälzten. So gesehen hätte EZB-Chef Trichet mit seiner jüngsten Äußerung genau diesen Weg eingeschlagen, denn einen konkreten Zeitpunkt für eine Zinserhöhung nannte er nicht. (6)

Nicht jeder spricht von Inflation

Der Wirtschaftsweise Peter Bofinger ist sogar der Meinung, dass eine echte Inflationsgefahr gar nicht besteht. Die aktuelle Preisentwicklung sei vor allem durch Sondereffekte wie die Anhebung der Mehrwertsteuer in mehreren Euro-Staaten sowie den Energiepreisanstieg verursacht, die aber keine dauerhafte Wirkung auf die Teuerung entfalten würden. Auch die Gefahr sogenannter Zweirundeneffekte, bei denen sich höhere Löhne und die Preise gegenseitig aufschaukeln, sieht der Experte nicht, da hierfür die Arbeitslosigkeit in vielen Euro-Ländern viel zu hoch sei. (1)

Trends

China kämpft gegen Immobilienpreise

Im Reich der Mitte sind es insbesondere die steigenden Immobilienpreise, die der chinesischen Zentralbank Sorgen bereiten. Zwar hat sich der Preisschub von 2009 auf 2010 ein wenig abgekühlt, dennoch hält der Boom an. So sind die Preise in der Sonderverwaltungsregion Hongkong innerhalb von 18 Monaten um 40 Prozent in den Himmel gewachsen. Um dem entgegenzuwirken, hatte die chinesische Zentralbank im vergangenen Jahr zwei Mal die Leitzinsen erhöht, was aber nicht die erhoffte Wirkung zeigte. Beobachter erwarten darum, dass in nächster Zeit weitere Zinsschritte folgen werden. (7)

Bank of England gilt als erster Kandidat

In Großbritannien hat die Inflation mittlerweile einen Wert von vier Prozent erreicht. Die Bank of England (BoE) gilt darum als erster Kandidat für eine Leitzinserhöhung. Wie die EZB hat auch die BoE eine Inflation von höchstens zwei Prozent als Ziel ausgegeben. Experten sehen allerdings auch im Vereinigten Königreich Sondereffekte am Werk, die die Inflation nicht längerfristig anheizen werden. Hierzu zählt die Anhebung der Mehrwertsteuer auf 20 Prozent. Damit sei die aktuelle Inflation nicht das Ergebnis einer ausgelasteten Wirtschaft, sondern die Folge eines Einmaleffektes, der schon Anfang nächsten Jahres aus den Preisen verschwinden werde. Gewarnt wird zudem davor, dass höhere Zinsen im Verbund mit der strengen Sparpolitik auf der Insel den Aufschwung abwürgen könnten. (8)

Fallbeispiele

Aktienmärkte reagieren nicht

Auf die Aktienmärkte hatte die Ankündigung des EZB-Chefs fast keine Wirkung. Stattdessen freuten sich die Anleger über Trichets Einschätzung, dass die Konjunkturentwicklung in Europa weiter robust verlaufe. Auch die vom neuen konjunkturellen Optimismus getriebenen US-Aktienindizes hinterließen auf den Kursen deutlichere Spuren als die EZB-Verlautbarung. (9)

Weiterführende Literatur

(1) EZB-Präsident Trichet läutet die Zinswende ein
aus 16:31:52

(2) Inflation zieht in Europa an
aus Frankfurter Rundschau vom 02.03.2011, Seite 16

(3) Zinswende hat schon begonnen
aus Die Presse vom 2011-03-02, Seite: 25

(4) Zentralbanker auf Inflationskurs
aus manager-magazin.de vom 02.03.2011

(5) Freiheit für Europas Zentralbank In der Krise hat sich die EZB zur Geisel der Politik gemacht - höchste Zeit für Gegenmaßnahmen
aus Financial Times Deutschland vom 03.03.2011, Seite 25

(6) Her mit dem Stopp-Schild
aus Süddeutsche Zeitung, 03.03.2011, Ausgabe München, Bayern, Deutschland, S. 17

(7) Die Versuche der chinesischen Regierung, den boomenden Immobilienmarkt abzukühlen, sind bislang...
aus Finanz und Wirtschaft vom 09.02.2011, Seite 33

(8) Inflationsanstieg schürt Erwartungen baldiger Leitzinserhöhung in den Industriestaaten
aus Finanz und Wirtschaft vom 09.02.2011, Seite 33

(9) Turbulent, aber stabil
aus manager-magazin.de vom 06.03.2011

Impressum

Feuerwehrmänner oder Hüter des Euro? - Europas Zentralbank übt einen schwierigen Spagat

Bibliografische Information der deutschen Nationalbibliothek

Die Deutsche Nationalbibliothek verzeichnet diese Publikation in der deutschen Nationalbibliografie; detaillierte bibliografische Daten sind im Internet über http://dnb.d-nb.de abrufbar.

ISBN: 978-3-7379-1675-2

© 2015 GBI-Genios Deutsche Wirtschaftsdatenbank GmbH, Freischützstraße 96, 81927 München, www.genios.de

Alle Rechte vorbehalten. Dieses Werk ist einschließlich aller seiner Teile – z.B. Texte, Tabellen und Grafiken - urheberrechtlich geschützt. Jede Verwertung außerhalb der Grenzen des Urheberrechtsgesetzes bedarf der vorherigen Zustimmung des Verlags. Dies gilt insbesondere auch für auszugsweise Nachdrucke, fotomechanische

Vervielfältigungen (Fotokopie/Mikroskopie), Übersetzungen, Auswertungen durch Datenbanken oder ähnliche Einrichtungen und die Einspeicherung und Verarbeitung in elektronischen Systemen.